Sei Schlau!
So berechnest Du Deine Abschreibung in der Einkommensteuererklärung richtig.

Vielen Dank, dass Sie sich dafür entschieden haben, sich bei Ihrer Einkommensteuererklärung unterstützen zu lassen.

Der **erste Tipp**, den wir Ihnen geben möchten, haben wir in einer Videoserie zusammengestellt.

Unsere **7 StepsViedeoserie** beschreibt die wichtigsten Änderungen die im Veranlagungsjahr 2013 aufgetreten sind. Gehen Sie bitte auf die Website http://einkommensteuer-leicht-gemacht.de/ak-eBook/und tragen Sie sich kostenfrei zur 7 Step Video Serie ein.

Ein **weiterer Tipp** für Sie, nutzen Sie unseren Blog www.einkommensteuer-leicht-gemacht.de/blog
In unserem Blog posten wir unentwegt neue Tipps und Tricks, damit Sie sich Einkommensteuer sparen können.

Diese Berechnungstabellen und Listen erhalten Sie unter folgendem Link zum kostenfreien Download:
http://einkommensteuer-leicht-gemacht.de/memberbereich/?page_id=211

Inhaltsverzeichnis

Kapitel 1   Einstieg – Vorwort

Kapitel 2   Berechnungslisten

- ✓ Berechnung der Abschreibung

Kapitel 3   Warum das ganze mit der Einkommensteuer

Kapitel 4   Schlusswort

Kapitel 1: Einstieg – Vorwort

Die Einkommensteuerklärung wird von vielen Steuerpflichtigen in Deutschland abgegeben. Obwohl nicht jeder Steuerpflichtige die Pflicht hat eine Einkommensteuererklärung abzugeben, ist es auch für viele Steuerpflichtige von Vorteil freiwillig eine Einkommensteuerklärung abzugeben.

Oftmals steht man jedoch vor der schwierigen Fragen, beim Ansatz der Aufwendungen in der Einkommensteuerklärung. Besonders solche Kästchen, die vor dem Eintragen in der Einkommensteuerklärung schon eine Berechnung erfordern.

Unsere Berechnungshelfer sollen Sie bei den Ansätzen der Richtigen Kosten unterstützen. Mit diesem E-Book erklären wir Ihnen die Berechnungslisten, die Sie zusätzlich als Excel-Datei erhalten.

So haben Sie den einfachsten Weg gefunden,

- Ihre Kosten richtig an zusetzten
- nichts zu vergessen
- optimal steuern zu sparen

Denken Sie daran, Werbungskosten und Sonderausgaben mindern Ihr zu versteuerndes Einkommen und damit die von Ihnen zu zahlende Einkommensteuer.

Kapitel 2: Berechnungslisten – richtig berechnen

✓ **Berechnung der Abschreibung**

Die Berechnungsliste für Abschreibungen benötigen Sie beim Ausfüllen der Anlagen EÜR, N und V.

Abschreiben bedeutet, dass man die Anschaffungskosten eines Gegenstandes in Teilbeträgen über mehrere Veranlagungsjahre hinweg absetzt.

Die Dauer der Abschreibung ergibt sich nach der Nutzungsdauer des Gegenstandes.

Absetzen bedeutet, dass Sie Ihre Einnahmen mindern und damit ein geringeres zu versteuerndes Einkommen haben und demnach auch weniger Einkommensteuer bezahlen.

Zuerst sollten Sie feststellen, ob Sie den gekauften Gegenstand abschreiben können. **Abschreiben können Sie nur Gegenstände, die abnutzbar sind.** *Zum Beispiel* ist ein Haus abnutzbar, weil es sich mit der Zeit abnutzt. Ein Grundstück hingegen ist nicht abnutzbar, denn Grundstücke nutzen sich nicht ab.

Zusätzlich ist zu überprüfen, ob Sie den Gegenstand der Höhe der Anschaffungskosten nach abschreiben müssen.

Bevor Sie die Berechnung der Abschreibung vornehmen, können Sie sich entscheiden auch Sammelposten zu bilden. Das heißt, ...

- Wirtschaftsgüter, deren Anschaffung weniger als 150,00 € netto betragen haben, werden in dem Veranlagungsjahr der Anschaffung komplett abgeschrieben.
- Wirtschaftsgüter, deren Anschaffung zwischen 150,00 € und 410,00 € betragen haben können entweder
    - sofort komplett angesetzt werden

  oder
    - es wird ein Sammelposten für alle Wirtschaftsgüter, deren Anschaffungskosten zwischen 150,00 € und 1.000,00 € liegt, gebildet. Dieser Sammelposten der alle Wirtschaftsgüter enthält wird dann über 5 Jahre hinweg abgeschrieben.

    ACHTUNG: Die Wahl, wie Sie die geringwertigen Wirtschaftsgüter ansetzten, bleibt Ihnen überlassen. Jedoch muss diese einheitlich für alle Wirtschaftsgüter des Kalenderjahres entschieden werden.
- Wirtschaftsgüter über 1.000,00 € müssen auf die Nutzungsdauer verteilt werden und werden dementsprechend abgeschrieben.

Wenn Sie **keinen Sammelpostenbilden**, gilt folgendes:
- ✓ Wenn ein Gegenstand **Anschaffungskosten unter 410,00 €** hatte, dann <u>kann</u> demnach der AfA Satz 100% betragen. Damit wird das angeschaffte Wirtschaftsgut sofort abgeschrieben.

- ✓ Wenn ein Gegenstand **Anschaffungskosten über 410,00 €** hatte, wird die Abschreibung des Wirtschaftsgutes auf die Jahre der Nutzungsdauer verteilt.

Wenn Sie als Unternehmer eine Abschreibung in der Einkommensteuererklärung ansetzten und Vorsteuerabzugsberechtigt sind, dürfen Sie die **Vorsteuer** für den Anlagegegenstand **sofort** mit Ihrer Umsatzsteuervoranmeldung vom Finanzamt holen. Der Vorsteuerbetrag wird nicht auf die Nutzungsdauer verteilt.

Welche angeschafften Gegenstände kann man Abschreiben?
Wenn der Gegenstand **zur Erzielung Ihrer Einkünfte** dient.
Dazu ein paar Beispiele:
Ein Vermieter kauft ein Haus. *Das Haus muss abgeschrieben werden.*

Der Vermieter kauft mietvermietete Einrichtungsgegenstände. *Die Einrichtungsgegenstände werden abgeschrieben.*
Für eine Fortbildung oder Studium wird ein Computer angeschafft. *Der Computer muss abgeschrieben werden.*

Wenn ein nicht Selbstständiger bzw. Arbeitnehmer einen PKW kauft um zur Arbeit zu fahren, kann dieser nicht abgeschrieben werden, da der PKW nicht direkt zur Einkunftserzielung dient. Dafür kann jedoch der Arbeitnehmer Fahrtkosten ansetzten.
Gegenstände für ein häusliches Arbeitszimmer, werden jedoch abgeschrieben. Dazu erfahren Sie mehr bei der Berechnungsliste „häusliches Arbeitszimmer".

Der Abschreibungsbetrag errechnet sich, wie folgt:

$$100 / \text{Nutzungsdauer} = \text{Afa-\%-Satz}$$

Die übliche **Nutzungsdauer** wird von Ihnen festgesetzt und nach dem erstmaligen Veranlagen nicht mehr geändert werden.
Die Nutzungsdauer muss jedoch der tatsächlich möglichen Nutzungsdauer des Anlagegegenstandes entsprechen.
So geht man zum Beispiel bei, ...

- ➢ einem Computer von 3 Jahre Nutzungsdauer
- ➢ einem PKW von 6 Jahren Nutzungsdauer

... aus.

Die Festsetzung der Nutzungsdauer kann jedoch bei Gebäuden nicht selbst bestimmt werden. Die jährlichen Abschreibungssätze und damit die Nutzungsdauer, sind vom Gesetzgeber festgesetzt worden.

Für die Berechnung der Abschreibung verwenden Sie die Anschaffungs- oder Herstellungskosten. Davon der Abschreibungsprozentsatz, ergibt Ihren Abschreibungsbetrag.

Der Abschreibungsprozentsatz für die **lineare** Abschreibung beträgt,
- bei fertig gestellten Gebäude vor dem 01.01.1925 jährlich 2,5%
- bei fertig gestellten Gebäude nach dem 31.12.1924 jährlich 2,0%

Können Sie eine deutlich geringere Abnutzungsdauer **nachweisen**, können Sie auch die Abnutzung auf weniger Jahre verteilen und damit einen höheren Prozentsatz ansetzten.

Der Abschreibungsprozentsatz für die **degressive** Abschreibung beträgt,

- bei fertig gestellten Gebäude vor dem 01.01.1995 in den ersten 8 Jahren je 5%, die folgenden 6 Jahren je 2,5% und die verbleibenden 36 Jahre je 1,25%
- bei fertig gestellten Gebäude vor dem 01.01.1996 (wenn das Gebäude Wohnzwecken dient) in den ersten 4 Jahren je 7%, die folgenden 6 Jahren je 5%, die nächsten 6 Jahre je 2% und die verbleibenden 24 Jahre je 1,25%
- bei fertig gestellten Gebäude nach dem 31.12.1995 und vor dem 01.01.2004 (wenn das Objekt Wohnzwecken dient) in den ersten 8 Jahren je 5%, die folgenden 6 Jahre je 2,5% und die verbleibenden 36 Jahre je 1,25%
- bei fertig gestellten Gebäude nach dem 31.12.2003 und vor dem 01.01.2006 (wenn das Gebäude Wohnzwecken dient) in den ersten 10 Jahren je 4%, die folgenden 8 Jahre je 2,5% und die verbleibenden 32 Jahre je 1,25%

Eine **degressive Abschreibung** können Sie **nur dann _wählen_**, wenn das Gebäude zu Wohnzwecken dient, ein Mietgebäude ist und Sie der Bauherr sind oder spätestens ein Jahr nach Fertigstellung des Gebäudes das Gebäude gekauft haben.

Eine Wohnung oder ein Haus das Sie **unentgeltlich** (geschenkt, geerbt) bekommen haben, müssen Sie die **Absetzung so fortführen**, wie der vorherige Eigentümer.

Die Berechnung

Name _____

Steuernummer _____

**Einkommensteu-
ererklärung   2013
Abschreibung**

Abschreibungen
Anschaffungen im Veranlagungsjahr einschließlich Gegenständen unter 410,00 €

Ange-schafft am (Datum)	volle Monate im Veranlagungs-jahr	Gegenstand	Anschaf-fungskosten (Brutto)	AfA-Satz: z.B. Nutzungs-dauer 5 Jahre = 20%	Abschrei-bungsbe-trag	Wert zum 31.12.2013
					0,00	0,00
					0,00	0,00
					0,00	0,00
					0,00	0,00
					0,00	0,00
					0,00	0,00
					0,00	0,00
					0,00	0,00
					0,00	0,00
					0,00	0,00
					0,00	0,00
					0,00	0,00

						0,00	0,00
						0,00	0,00

Gesamt Abschreibungsbetrag der in 2013 angeschafften Gegenstände   0,00

In der Berechnungsliste tragen Sie **zuerst Ihren Namen** und **Ihre Steuernummer** ein, da Sie die Berechnungsliste ausdrucken und als Nachweis Ihrer Einkommensteuererklärung beifügen können.

Im ersten Teil tragen Sie nur die Anlagegegenstände ein, die Sie neu angeschafft haben. Demnach erstmalig abschreiben.

In der ersten Spalte tragen Sie das *Datum* ein, an dem Sie den Gegenstand angeschafft haben.

In der **zweiten Spalte** tragen Sie ein, wie viele *Monate* im Veranlagungsjahr Sie den Gegenstand hatten.
Beispiel: Gegenstand am 01.04.2013 angeschafft – heißt der Gegenstand ist 9 Monate in Ihrem Besitz.

Beschreiben Sie in der **dritten Spalte** den *Gegenstand*, den Sie abschreiben möchten.

In der **vierten Spalte** tragen Sie die *Kosten* des Anlagegegenstandes ein.

In der **fünften Spalte** ist der Abschreibungssatz einzutragen. Dieser errechnet sich wie folgt:

100 / Nutzungsdauer = Afa-%-Satz

In der **sechsten** und **siebten Spalte** werden automatisch der Abschreibungsbetrag und der Wert des Anlagegegenstandes errechnet.

Den gesamten Abschreibungsbetrag – aller Anlagegüter – übertragen Sie in Ihre Einkommensteuererklärung.

Abschreibungen
Anschaffungen vor Veranlagungsjahr

Anschaffungsjahr	volle Monate im Veranlagungsjahr	Gegenstand	Anschaffungskosten	Wert zum 31.12.2012	AfA-Satz: z.B. Nutzungsdauer 5 Jahre = 20%	Abschreibungsbetrag	Wert zum 31.12.2013
						0,00	0,00
						0,00	0,00
						0,00	0,00
						0,00	0,00
						0,00	0,00
						0,00	0,00
						0,00	0,00
						0,00	0,00
						0,00	0,00
						0,00	0,00
						0,00	0,00
						0,00	0,00

Gesamt Abschreibungsbetrag der in Vorjahren ngeschafften Gegenstände   0,00

Im zweiten Teil der Abschreibungsberechnung übertragen Sie Ihre angeschafften Anlagegegenstände aus früheren Jahren.

Auch hier haben Sie die Möglichkeit „Teil"-Jahre anzusetzen, denn man hat nicht immer am Anfang eines Jahres einen Gegenstand angeschafft und demnach muss auch das letzte Abschreibungsjahr eines Gegenstandes mit einem „Teil"-Jahr enden.

Warum das Ganze überhaupt?

Was ist eine Einkommensteuererklärung?

Es handelt sich um eine schriftlich auszufüllende Erklärung eines **jeden Steuerpflichtigen** und gibt dem **Finanzamt Auskunft über die Einkommensverhältnisse.**

Diese Erklärung dient des Weiteren zur **Ermittlung der zu zahlenden Einkommenssteuer.** Das Ausfüllen übernimmt entweder der Steuerpflichtige selbst, oder sein Steuerberater und gibt diese im Anschluss an das Finanzamt weiter. Dieses prüft dann die zu entrichtende Einkommenssteuer einschließlich des Solidaritätszuschlags sowie gegebenenfalls zu entrichtende Kirchensteuern. Das Finanzamt erlässt nun einen Bescheid, wie hoch die Steuer für den Veranlagungszeitraum ist. Wurden zu viel Steuern vorausbezahlt, so bekommt man diese erstattet, im anderen Fall muss man diese nachzahlen.

Dabei muss die Einkommensteuererklärung auf dem amtlichen Vordruck ausgegeben werden, welcher bei jedem Finanzamt zu bekommen ist. Auch besteht die Möglichkeit diese Online auf den Seiten des Finanzamtes zu finden und sich diese selbst auszudrucken. Spezielle Software erlaubt es zudem, die Steuererklärung per Internet an das Finanzamt zu schicken. Benutzt man solch eine Software, ist unbedingt darauf zu achten, dass die Ausdrucke in der Gestaltung und dem Inhalt den amtlichen Vordrucken gleichen. Hierzu finden Sie auf den folgenden Seiten einen Downloadlink für ein kostenloses Steuersoftwareprogramm, dieses Programm wurde von der Finanzverwaltung für alle Bürger in

Deutschland kostenlos zur Verfügung gestellt und enthält alle amtlichen Vordrucke.

Wer muss eine Einkommensteuererklärung abgeben?

Die wohl wichtigste Frage ist: Muss ICH eine Steuererklärung abgeben?

Ein kurzer Überblick zeigt, wer tatsächlich **die Pflicht** hat eine Einkommensteuererklärung abzugeben. Wenn nur eine der aufgeführten Punkte auf Sie zutrifft, dann sind Sie in der Pflicht eine Einkommensteuererklärung abzugeben.

- **Jeder** der mehr **als 8.354,00 €** in einem Jahr einnimmt.

- **Ehegatten** die gemeinsam mehr als **16.708,00 €** einnehmen.

- **Zusammenveranlagte Ehegatten**, wenn bei einem Ehegatten die **Lohnsteuerklasse 3 oder 5** angewendet wurde.

- **Ehegatten**, bei denen ein Ehegatte oder beide Ehegatten einen **Freibetrag vom Finanzamt** eingetragen bekommen haben.

- **geschiedene Ehegatten** im Jahr der Scheidung, wenn einer der geschiedenen Ehegatten im selben Jahr wieder geheiratet hat.

- **Jeder** der **Lohnersatzleistungen** von mehr als **410,00 €** bezogen hatte, wie zum Beispiel: **Krankengeld, Arbeitslosengeld, Harz IV, Elterngeld** oder ähnliches.

- **Arbeitnehmer**, die noch **zusätzliche Einkünfte** von mehr als **410,00 €** erzielen. Zum Beispiel aus Vermietung und Verpachtung.

- **Jeder** der **außerordentliche Einkünfte** hatte, von denen ein Lohnsteuerabzug vorgenommen wurde. Wie zum Beispiel eine Abfindung.

- Arbeitnehmer, die von **mehreren Arbeitgebern Arbeitslohn** beziehen. Ausnahme: wenn der Arbeitslohn pauschal versteuert wurde.

- Jeder der <u>kein</u> Arbeitnehmer ist, jedoch Einkünfte von mehr als **8.004,00 €** erzielt hat. (Bei Zusammenveranlagten Ehegatten 16.008,00 €) Bei diesen Einkünften werden die <u>Kapitaleinkünfte nicht</u> miteinbezogen.

- **Rentner**, die mehr als **1.500,00 € Rente im Monat** beziehen und bisher keine Einkommensteuererklärung abgegeben haben.

Darf ich auch freiwillig eine Einkommensteuererklärung abgeben?

Wer nicht verpflichtet ist eine Einkommensteuererklärung abzugeben, kann dies natürlich auch **freiwillig** tun.

Dies kann für so Manchen von Vorteil sein. Wenn jedoch freiwillig eine Einkommensteuererklärung abgegeben wird, muss man auch in dem Fall, dass eine Nachzahlung gefordert wird, eine solche bezahlen.

Eine **Antragsveranlagung** (freiwillige Einkommensteuererklärung) **kann von Vorteil** sein, wenn ...

- ➢ Sie im Veranlagungsjahr **geheiratet** haben.

- ➢ Sie im Veranlagungsjahr **Mutter** oder **Vater** wurden.

- ➢ Ihr **Kind eine Berufsausbildung** begonnen hat oder eine Berufsausbildung macht.

- ➢ Sie ein **behindertes Kind** haben.

- ➢ Sie im Veranlagungsjahr eine **berufliche Tätigkeit** aufgenommen haben.

- ➢ Sie im Veranlagungsjahr nur **teilweise gearbeitet** haben.

- ➢ Sie im Veranlagungsjahr mehr als **1.000,00 € Werbungskosten** ansetzten können.

- ➢ Sie im Veranlagungsjahr mehr als **36,00 € Sonderausgaben** abziehen können. (Bei Ehegatten 72,00 € abziehen können.)

- ➢ Sie im Veranlagungsjahr Aufwendungen für **Krankheitskosten, Kosten für Beerdigungen** oder **Kosten für eine Scheidung** hatten.

- Sie im Veranlagungsjahr **Angehörige unterstütz** haben.

- Sie im Veranlagungsjahr eine Person in Ihrem **Haushalt gepflegt** hatten.

- Sie im Veranlagungsjahr **Umschulungskosten** hatten.

- Sie im Veranlagungsjahr **Handwerkerleistungen** für Ihre Mietwohnung selbst getragen haben.

- Sie im Veranlagungsjahr jemanden in Ihrem **Privathaushalt beschäftigen**.

- Sie im Veranlagungsjahr **Kapitaleinkünfte** hatten, die weniger als 801,00 € waren.
  (Bei Ehegatten 1.602,00 €)

- Sie im Veranlagungsjahr Geschäftsanteile an einer **Genossenschaft** haben.

- Sie im Veranlagungsjahr Geschäftsanteile an **Volksbanken/ Raiffeisenbanken** hatten.

- Sie im Veranlagungsjahr eine **Gewinnausschüttung** einer GmbH hatten.

- Sie im Veranlagungsjahr **Dividendenzahlungen** aus einer Aktie bekamen.

- Sie im Veranlagungsjahr ein **Baudenkmal** eigens genutzt haben.

- Sie im Veranlagungsjahr **ausländische Steuern** bezahlt haben und diese angerechnet werden sollen.

- Sie im Veranlagungsjahr **Verluste** aus einer Einkunftsart, mit anderen Einkünften verrechnet werden sollen.

- Sie im Veranlagungsjahr **Erhaltungsaufwendungen** für Ihr eigengenutztes Einfamilienhaus hatten.

Ich bin verheiratet, sollen wir gemeinsam unsere Einkommensteuer veranlagen?

Ehegatten, die nicht dauernd getrennt lebend oder geschieden sind, dürfen Ihre Einkommensteuererklärung **gemeinsam veranlagen**. Auch wenn nur ein Ehegatte Einkünfte hatte.

Wenn Sie sich von Ihrem Ehepartner trennen oder scheiden lassen, dürfen Sie im Jahr der Trennung oder Scheidung noch gemeinsam die Einkommensteuer veranlagen. Voraussetzung dafür ist, dass Sie noch **mindestens einen Tag** zusammen gelebt haben.

Sobald einer der Ehegatten eine getrennte Veranlagung beantragt, müssen beide Ehegatten eine eigenständige Einkommensteuererklärung abgeben.

Vorteile, wenn jeder Ehegatte seine <u>eigene</u> <u>Einkommensteuererklärung</u> abgibt kann zum Beispiel sein ...

> - wenn beide Ehepartner ungefähr gleich hohe Einkünfte erzielen und beide Ehegatten Nebeneinkünfte von weniger als 410,00 € haben. *Hierbei liegt der Vorteil darin, dass jeder Ehegatte seinen Freibetrag für Nebeneinkünfte in Höhe von 410,00 € ausnutzen kann.*

> - wenn einer der Ehegatten steuerpflichtigen Arbeitslohn bezogen hat und der andere Ehegatte Einkommensersatzleistungen (z.B. Arbeitslosengeld oder der Gleichen).

Der Vorteil hierbei die Einkommensteuer einzeln zu veranlagen liegt darin, dass Einkommensersatzleistungen einem so genannten Progressionssteuersatz unterliegen. In dem man einzeln veranlagt, wird der Arbeitslohn des Ehegatten nicht in diesen Progressionssteuersatz miteinbezogen.

Vorteil, wenn die Ehegatten <u>gemeinsam</u> veranlagen ist ...

> - dass die Splittungstabelle zur Berechnung der Einkommensteuer Anwendung findet.

Wenn Ihr Ehegatte im Vorjahr verstorben ist, dürfen Sie ein weiteres Jahr die Zusammenveranlagung in der Einkommensteuererklärung wählen.

Wann muss die Einkommensteuererklärung abgegeben werden?

Alle die eine Pflicht zur Abgabe einer Einkommensteuererklärung haben, müssen diese bis **spätestens 31.05. des Folgejahres** abgeben. Wenn diese Frist nicht eingehalten werden kann, sollte man eine Fristverlängerung beantragen. Andernfalls wird das Finanzamt ein Mahnschreiben verfassen mit Androhung, dass die Einkommensteuererklärung geschätzt wird. Wenn das Finanzamt die Einkommensteuererklärung schätzt, wird meist auch ein Verspätungszuschlag mit gefordert. Eine Schätzung durch das Finanzamt wirkt sich meistens negativ für den Steuerpflichtigen aus.

Alle die ihre Einkommensteuererklärung **freiwillig** abgeben, können dies innerhalb von **4 Jahren** tun. Dies ist die sogenannte Antragsveranlagung.

Amtlicher Vordruck – Programm

Wichtig für Ihre Einkommensteuererklärung ist, dass Sie zum Ausfüllen der Erklärung die **amtlichen Vordrucke** verwenden. Das Finanzamt stellt dafür **Formularvordrucke in Papierform** zur Verfügung.

Damit kann man handschriftlich die Einkommensteuererklärung ausfüllen.

Inzwischen gibt es jedoch einige **Programme** mit denen man die Einkommensteuererklärung am Computer ausfüllen kann und anschließend drucken oder sogar via Internet direkt ans Finanzamt übermitteln.

Die Finanzverwaltung von Deutschland hat zudem, ein **kostenfreies Programm** für jeden Bürger zur Verfügung gestellt.

Dieses Programm stellt das Finanzamt auf einer CD zur Verfügung und kann zudem auch einfach gedownloadet werden.

Mit dem Programm Elster kann jeder seine Einkommensteuererklärung ausfüllen und **direkt an das Finanzamt übermitteln**. Ihre Einkommensteuererklärung können Sie anschließen auch passwortgeschützt speichern. Ein weiterer Vorteil des Programmes ist, dass es eine Berechnungsfunktion hat.

Das heißt bevor man seine Einkommensteuererklärung an das Finanzamt übermittelt, kann man überprüfen ob die Einkommensteuererklärung eine Erstattung oder Nachzahlung ergibt und wie hoch diese sein wird.

Hier die Erklärung zum Downloaden des Elster-Programms:

1. Öffnen Sie Ihren Internetexplorer und geben Sie folgendes in die Adresszeile ein:
   https://www.elster.de/elfo_home.php

   > Es startet die Website des **ElsterOnline Portals**. Hier können Sie sich das Elster-Programm downloaden.

2. Sie kommen sofort zum Elster-Online-Portal und können Ihr Programm „ElsterFormular" downloaden.

3. Mit dem Downloadbutton kommen Sie zur nächsten Seite. Hier dürfen Sie wählen, welche Formularvordrucke Sie benötigen. In der Regel genügt es die Version „Privatanwender" zu downloaden.

4. Nachdem Sie eine Downloadversion gewählt haben, müssen Sie noch den AGB´s zustimmen und kommen dann unmittelbar zum Download.

5. Das Programm installiert sich automatisch auf Ihrem Computer und Sie können mit Ihrer Einkommensteuererklärung beginnen.

Kapitel 4: Schlusswort

Vielen lieben Dank, dass Sie mit unserem Berechnungshelfer Ihre Ansätze in der Einkommensteuererklärung gemacht haben.

Unsere **Sei Schlau! – Buchreihe** enthält viele weitere Berechnungshelfer für den richtigen Ansatz in Ihrer Einkommensteuererklärung.

Die Berechnungslisten zum sofortigen Ausfüllen, finden Sie mit Ihrem persönlichen Zugang zum internen Bereich. Dort können Sie sich die Berechnungslisten downloaden.

Wir freuen uns, wenn Sie auch unsere Homepage www.einkommensteuer-leicht-gemacht.de besuchen

oder die neusten Posts, mit Tipps und Tricks für Ihre Einkommensteuererklärung auf unserem Blog

www.einkommensteuer-leicht-gemacht.de/blog lesen.

Das Steuer-Einkommensteuer Expertenportal

Impressum:
Imero Business
Einkommensteuer-Leicht-Gemacht.de
Monika Haindl
Traithenstraße 12a
83115 Neubeuern

Copyright
Alle Rechte, auch die des auszugsweisen Nachdrucks, der fotomechanischen Wiedergabe, auch Mikrokopien, sowie der Auswertung durch Datenbanken oder ähnliche Einrichtungen, vorbehalten. Alle Angaben nach bestem Wissen, jedoch ohne Gewähr für Vollständigkeit und Richtigkeit.

www.ingramcontent.com/pod-product-compliance
Lightning Source LLC
Chambersburg PA
CBHW051830170526
45167CB00005B/2223